행복한 여행

행복한 여행

변종환 시집

도서출판 두손컴

| **시인의 말** |

K형!

산길을 걷다가 문득 암벽 사이에서 작은 풀꽃 하나를 발견합니다.

딱딱한 바위틈에 뿌리를 내리고 피어 있는 게 신기해서 가까이서 자세히 들여다보니. 아주 작지만 섬세한 꽃술과 꽃잎, 꽃받침까지 완벽합니다.

예전에는 진한 향기를 풍기며 흐드러지게 피는 꽃들에 취해서 그 소박한 아름다움을 보지 못했을 뿐입니다. 아무도 모르는 곳에 숨어서 아름다움을 발하는 생명 자체가 모두 신비이고 신의 축복이라는 걸 미처 몰랐을 뿐입니다.

척박한 암벽 사이에서도 작은 풀꽃이 피듯이, 가난하고 힘든 생활 속에서도 우리는 꽃을 피웁니다.

거창한 명분을 떠들어대는 사람들 뒤에서 우리는 오늘도 성실하게 하루를 살아갑니다.

힘센 자들이 잘난 척 뽐내는 몸짓 뒤에서 묵묵히 제 갈 길을 걸어갑니다.

그렇다고 누구 하나 칭찬하고 알아주는 사람 없지만, 하늘의 눈으로 보면 우리의 삶은 추호도 부끄러움이 없습니다.

작은 풀꽃 하나 발견하고 기뻐하듯이 보람되고 행복한 시간 되십시오.

화평과 건승을 기원합니다.

2025년 가을의 길목에서

변 종 환

변종환 시집

행복한 여행 | 차례 |

시인의 말 · 5

제1부 천문대 가는 길

여행 · 1 서시序詩 — 13
여행 · 2 동강東江에서 — 14
여행 · 3 운수사雲水寺 가는 길 — 15
여행 · 4 경주 남산 — 16
여행 · 5 무량수전無量壽殿 — 18
여행 · 6 부석사浮石寺 — 20
여행 · 7 공단예정지에서 — 21
여행 · 8 천문대 가는 길 — 22
여행 · 9 못 하나 — 23
여행 · 10 시인의 길 — 24
여행 · 11 태백에서 — 26
여행 · 12 기다림 — 27
여행 · 13 아라홍련阿羅紅蓮 — 28
여행 · 14 겨울 운주사雲住寺 — 30
여행 · 15 별 하나 — 31

제2부 남해 기행 南海 紀行

남해 기행·1   어촌계장 박씨 이야기 ― 35
남해 기행·2   노량바다에서 ― 36
남해 기행·3   다시 노량바다에서 ― 38
남해 기행·4   선창에서 ― 40
남해 기행·5   묵상 黙想 ― 41
남해 기행·6   단가 – 장군의 죽음 ― 42
남해 기행·7   남해에 와서 ― 47
남해 기행·8   바다에게 ― 48
남해 기행·9   새를 위한 묵상 ― 50
남해 기행·10 남해바다의 가족들 ― 51
남해 기행·11 괭이갈매기의 추억 ― 52
남해 기행·12 자갈치시장 ― 54

제3부 남해 시편南海 詩篇

남해 시편·1　가짜 뉴스 ― 57
남해 시편·2　적멸寂滅의 밤바다 ― 58
남해 시편·3　바람의 노래 ― 60
남해 시편·4　기도를 위한 묵상 ― 62
남해 시편·5　무제無題 ― 64
남해 시편·6　길 하나 ― 65
남해 시편·7　길 ― 66
남해 시편·8　나의 기도 ― 67
남해 시편·9　나의 새벽은 ― 68
남해 시편·10　세한도歲寒圖 풍경 ― 69
남해 시편·11　어여쁜 질문 ― 70
남해 시편·12　세상의 기다림 ― 71
남해 시편·13　남해 바다에서 ― 72
남해 시편·14　낯선 풍경 ― 74

제4부 민박집 최 할머니

남해 시편 · 15 내가 사랑하는 사람 ― 77
남해 시편 · 16 황혼 앞에서 ― 78
남해 시편 · 17 달빛 산책 ― 80
남해 시편 · 18 막장에서 ― 81
남해 시편 · 19 민박집 최 할머니 ― 82
남해 시편 · 20 시를 아시나요? ― 83
여행 시편 · 1 기다림을 위하여 – 태화강 국가정원 ― 84
여행 시편 · 2 겨울 수목원에서 ― 85
여행 시편 · 3 그 사람 ― 86
여행 시편 · 4 사랑이여 ― 87
여행 시편 · 5 금정산 고당봉 金井山 姑堂峰 ― 88
여행 시편 · 6 새벽달처럼 ― 90
여행 시편 · 7 사랑한다는 말은 ― 92

제 5 부 애진봉愛鎭峰 가는 길

여행 시편 · 8   소리화석化石 ― 95
여행 시편 · 9   송천리 시편松川里 詩篇 · 1 ― 96
여행 시편 · 10   송천리 시편松川里 詩篇 · 3 ― 98
여행 시편 · 11   순수를 꿈꾸며 ― 99
여행 시편 · 12   시를 쓴다는 것은 ― 100
여행 시편 · 13   시집 한 권 ― 101
여행 시편 · 14   애진봉愛鎭峰 가는 길 ― 102
여행 시편 · 15   여행 · 2 - 해지는 마을 ― 104
여행 시편 · 16   운주사雲住寺에서 ― 106
여행 시편 · 17   유배지流配地의 눈 ― 107
여행 시편 · 18   유좌지기宥坐之器 ― 108
여행 시편 · 19   파도에게 · 2 ― 110

■ 시인의 산문
풍격風格, 시품詩品과 인품人品 / 변종환(시인) ― 113

■ 공공장소 '변종환 시비' 건립 안내 ― 124
풀잎의 잠 / 꽃의 서시序詩

제1부

/

천문대 가는 길

여행 · 1

서시序詩

갈 곳을 미리 정하지는 마세요
이 강산 어디를 가도
높고 낮은 산들은
거기서 우리를 기다리고 있잖아요
계곡 이쪽저쪽
푸른 숲을 따라 고개를 돌리다보면
산자락 끝에서 물소리도 들리겠지요
길 따라 피어있는
산국 몇 송이는 꺾지 마세요
하나님이 꽂아두신 자리에 있어야 하니까요
산과 들과 또 지천으로 깔려있는
들풀과 나무와 돌 자갈–
그 들꽃 하나하나 이름을 모른다고 실망마세요
나도 아직 당신의 이름을 모르니까요
집들과 집들, 마을과 마을 사이
그 비어있는 공간 전부를
하늘이라 여기시고
산새 몇 마리 날고 있거들랑
그냥 기뻐하세요
그냥 기뻐하세요.

여행 · 2

동강東江에서

새벽안개처럼
적막한 동강東江은
저리 무섭도록 아름다운데

흐르는 강물이야
흘러가는 대로 두어도 되겠지만
이 봄 동강에 와서
우리 욕망의 부질없음을
우리 욕망의 그 덧없음을
비로소 알게 되었나니

날마다 부활하는 들꽃의 향기와
날마다 부활하는 산바람이라면
내 한 자락쯤 걷어서
돌아가도 또한 좋지 않겠는가.

여행 · 3

운수사雲水寺 가는 길

사람의 길을 따라 산을 오른다
앞서면서 뒤가 되는
사람의 길은 굽었다
앞선 사람 뒤를 따라가는 백양산白楊山은
안개 속에 아득하다
못난 탓에 숨었던 것들이
스스로 빛을 내는 이 순간
충만한 가을의 지상은 아름다운데
산도 중도 되지못한 내 생은
언제 저토록 채워질까
음양의 경계가 사라지는 깊은 산중에서
다시 건진 생의 무게
맑은 눈망울처럼 절실한 그리움이 된다
조용히 흔들리는 잎새의 떨림은
짧은 꿈속 덧없는 생각이었던가
실낱같이 흘러가는 계곡 물소리
새벽이슬 젖은 모습으로 나를 부른다
적요함으로 세상을 다 품은 백양산
운수사 가는 길은
원죄原罪마저 아름답다

여행 · 4

경주 남산

경주 남산, 삼릉계곡을 오르다
선각육존불을 마주하고
천년에 단 한번 핀다는 그 꽃을 생각한다
이 땅의 슬기가 여기서 발원하고
빛기둥 하나 세우기 위해
천년의 세월을 보듬었던 경주 남산
찬바람 속 산조散調 한 자락으로
속절없는 마음을 달래고
뜻 모를 무애가無碍歌를 부른다
산 그림자에 등을 기대고
멀리 속계俗界를 바라보는 마애불의 자태
언제나 혼자 뜨는 산 그림자처럼
경주 남산에는 또 하나 세상이
꽃처럼 피어난다
바다를 향한 산줄기에는
천년의 시간을 새겨둔 사랑
밤하늘 총총하게 빛나는 별무리
빛살 같은 저기
제자리 찾아가는 내 사랑도
어김없이 남아있으리니
별 밭에서 기다리며 잠시 머무는 인연

변하지 않는 그 약속 잊지 못해
세상은 덧없고 부질없어라
천년의 약속은 잊힐수록 아름답다
삼릉을 지나면서 눈앞에 아른대는
마애불의 오묘한 미소여

여행 · 5

무량수전 無量壽殿

무량수전 배흘림기둥 곁에
나는 서 있네
서방극락정토를 바라보는
세상의 모서리에 서서
먼 구천의 소리를 들으며
어디선가 돌아오고 있는
사람들을 바라보네

안양루 너머 세속의 산천
그 넓은 곳으로
아미타불의 광명은 빛나고
만경창파로 일렁이는
찬란한 날빛

묵언 정진으로 서 있는
석등石燈의 오묘한 자태
번잡한 세속을 설법하네

사람이 거듭나면
다시 그리워지는 법
저리도 많은 인연들이

내 안에서 다시 꽃피워 내듯
적요 속 비로소 와 닿는
그리움 하나
무량수전 배흘림기둥 곁에
나는 서 있네

여행 · 6

부석사 浮石寺

멀리 와서 절집을 본다
무량수전無量壽殿의 굽은 등
나의 사랑도 저러했으리
지면서 다시 피는 꽃처럼
처음으로 돌아가자고
떠도는 몸을 외로움에 기대어
햇살의 비늘을 만져본다
돌계단 하나하나 엎드려서
천상으로 통하는 길이 되어
거듭나는 것인가
삶의 속살은 아픔이란 것을
마음은 저 혼자 불처럼 타오르고
무량한 경전經典 아직 읽지 못한 구절같이
못다 한 말들은 가슴에 남아있는데
세속의 욕심을 모두 벗어
정갈한 바람에 안겨주고
저만치 낮은 곳에서 하늘을 보듯
무량수전 댓돌에 앉아
세상의 아득한 모습을 본다

여행 · 7

공단예정지에서

〈공단예정지〉라 적혀있는 입간판 앞으로
갯내 날리며 바람은 쫓겨 가고 있구나
해지는 김해 들녘 끄트머리
녹 쓴 수문 밑으로 강물은 흘러서 모여드는데
열 겹 빗장 질러 막아본들
어찌 저 흐르는 강물을 막을 수 있겠느냐
우리 사는 것도 어쩌면 저와 같으리니
가로막히면 돌아서 흐르고
또 막히면 다른 물길로 돌아서
유유히 흐르지 않았느냐
지금 가슴에 차오르는 것이
어찌 저 강물뿐이겠느냐고
수문 옆에서 물새 한 마리가
조용히 묻고 있었다

여행 · 8

천문대 가는 길

밤하늘에 널린 총총한 별빛
저 푸른 희망을 보아라
내 너를 찾아 여기까지 왔구나
행적은 있고 종적이 없는 길을 따라
소멸하는 생의 소소한 걸음
수많은 별의 집, 은하를 찾아서
행성처럼 떠돌아 왔다
마음속에 가득했던 별들
흩어진 섬처럼 떠돌아다니고
별이 벗어놓은 허물이
빛 되어 생각을 밝힌다
저물녘 흐르던 강물은
서로 얽혀 물길을 틔우는데
천문대 가는 길은 적막하다
숨겨진 육감을 드러내며
겨울 별자리를 찾아보면
별에게도 일생이 있을까
하늘의 사리舍利들이 빛나는
짙은 어둠속의 저 우주
욕망 없이 사는 법을 배워본다

여행 · 9

못 하나

길 위에 떨어진 못 하나
녹 쓸고 허물어 버려진 것
한때는 제자리에서 반짝이며 빛나던
아득한 그 세월이 생각날까
벌어진 어느 틈새 이어 버팀이 되던
저만치 흘러간 시절
이제야 고행하듯 묵언으로 돌아왔네
무기력한 모습으로 길 위에서 살아가며
얼음장처럼 차가운 일생을 견디어
억하심정으로 고요한 봄날을 기다리는데
무심한 강물 위로 흐르는 바람은
젖은 몸 말리고
아득한 깨달음을 얻어가네
이승의 피안은 인적 없는 길인가
풀꽃 한 송이 피워 올리며
잃은 것들 껴안아 무궁을 향하고
맑은 생의 속맛으로 생기를 되찾네

여행 · 10

시인의 길

세상의 삼고三苦 다 씻어버린
저 바다는 경전經典이다
어둠이 깃드는 숲을 바라보면
나무들은 성자 같다
손바닥을 들여다보면
손금 하나 지나가는
깊고 깊은 언덕길
바람에 흔들릴 때마다
내 마음 다하여 이리저리
굽이치는 그 길을 보살피고
있어도 없는 존재처럼 어쩌다
시인이 되어 먼 길을 걸어왔다
길들지 않은 저자거리처럼
시를 쓰는 것보다
시인으로 살아가는 것이
더 어려워 얼굴 돌리는 이 세상
우리시대 마음 편한 곳은 어디인가
사람다운 불편은 견딜 수 있으리니
이제 돌아가는 길을 잊어 버렸고
용서하는 인간들의 거처
사람 사는 마을 찾아 나서면서

한번쯤 미숙한 우리 사랑도
화두삼아 그대에게 말하리라

여행 · 11

태백에서

불타던 한 생애 그곳에 있었네
휘어지고 굽은 산등을 지나
구름처럼 흘러들어 모여 살며
외로움으로 세상에 반항하던 그곳
텅 빈 고독이 박제되어
머물고 있네
깊고 깊은 적막감에
울어버릴 것만 같은
사람의 그림자

새벽을 어깨에 걸치고
어둠을 밀어제치며
탄맥이 뻗은 갱도로 내려가던
늙은 광부의 손길은
강원도 산간 어느 계곡의
아득한 전설로 남아있네
꿈결처럼 찾아와 다가선
검은 눈물의 마을에는
모든 것 지우고
저희끼리 물들며 살아가는
막장의 노래가 있네

여행 · 12

기다림

오늘 참 많이 걸었네
여기 잠시 앉아 쉬면서
산복사꽃 같은 그대를 생각하려네
생각은 마음으로 이어지고
풀잎에 맺힌 이슬처럼
내게 잠시 젖어오는데
아늑한 저 어둠 속으로
그대 걸어서 오시려나
그리움으로 매듭 지는
사랑의 끝은 항상 다가오네
전생의 고향 길처럼
지나온 그 길에서
헤아리고 또 헤아리던 것들
그냥 잊어버리기로 하지
그대 만난 것이 고맙고
생각만으로도 은총이네
내 육신을 감춘 숲 그림자
흘려보낸 날은 얼마나 험했는지
생각하면 참 많이도 걸어왔네

여행 · 13

아라홍련 阿羅紅蓮

옛 아라가야의 땅 함안
성산산성 어느 자락
아라홍련이라 이름 지어진
연꽃의 여린 숨결을 느껴본다
칠백년 긴 잠에서 깨어나
만개한 연꽃 송이들의
우아한 자태 위로
스쳐 지나는 바람의 손결이 미덥다
땅속 깊숙이 어둠과 지열地熱에
몸을 맡긴 수많은 세월
썩지 않은 열다섯 씨앗이
오랜 연륜의 파문으로 싹을 틔워
선홍색 꽃을 피웠다
백색 비단에 분홍빛 물감 한 방울
떨어진 듯 싱그럽고 엷게 되살아난
세상 넘어 거듭난 이승의 저 빛
아라홍련이 들려주는 씨알 이야기는
다시 태어난 고려의 전설이다
바람에 하늘거리는 저 꽃
흔들릴수록 더욱 아름다워라

※ 아라홍련 : 2009년 함안 성산산성에서 발굴된 고려시대 연(蓮) 씨가 2010년 700여 년 만에 꽃을 피움으로써 전국적으로 비상한 관심을 끌었다. '아라홍련'은 매년 7월경 함안박물관에서 개화를 한다.

여행 · 14

겨울 운주사 雲住寺

겨울 운주사에는
못생긴 돌이 모두 부처다
문드러지고
닳아 떨어져나간 돌부처의
코와 귀에서
바람소리가 들린다
하나 둘 못생긴 돌이 탑이 되고
부처가 되는
천불천탑의 이 땅에 눈이 내린다
여리게 떨고 있는 슬픈 것들이
기도로 길을 열어 찾아가는
생명의 세상
버려지고 부서지면서
부싯돌처럼 되살아나는
금가고 일그러진 목숨의 섭리
차가운 몸으로 누워
제 몸을 다듬는 와불의 깊은 시름
눈 내리는 운주사에는
못생긴 돌이 모두 부처다

여행 · 15

별 하나

  천리만리 벼랑 끝에서 어둠은 다가온다. 산 위로 산을 넘어 강물 속으로 더 깊이 흐르는 강물을 건너 아무도 보지 않을 때, 어둠은 그렇게 다가온다. 걷어도 걷어도 더 이상 걸을 것이 없는 텅 빈 어둠의 저쪽 끝에서 아, 비로소 별들은 하나씩 빛나기 시작하는구나.

내별은 하늘 저쪽 어딘가에
숨어있다는
꿈을 제발 깨우지 마십시오.
누구나 별 하나씩
하늘 저쪽에 두고 있다는
꿈을 오래 간직하게 하십시오.
저 별들 중에 어느 별이
내 별인지 몰라도
어둠을 뚫고 반짝이는 저 별들이
우리 가난한 희망임을 믿게 하십시오.
지난 밤 어두운 길을 달려와
별빛 먼저 뿌려놓고
이 겨울밤을 서서히 깨워가는
오, 당신은 누구십니까.

제2부

/

남해 기행 南海 紀行

남해 기행 · 1

어촌계장 박씨 이야기

남해바다는 세월이 갈수록
더 파래지는 것 같더라고
어촌계장 박씨는 술에 취해서 말했다
열여덟에 아버지 따라
고깃배를 타기 시작했을 때보다
서른하나에 첫아이를 낳고 나니
남해바다는 두 배쯤
더 파래지는 것 같더니
쉰이 되고 나더니
아예 파란 물이 묻을까 겁이 나서
바닷물에 손을 못 넣겠다고
웃으면서 말했다
남해바다에 오래 살면
우리 어촌계장 박씨처럼
모두 시인이 되는가 싶어서
나는 그냥 시익 웃으며
고개를 끄덕여 주었다

남해 기행 · 2

노량바다에서

노량바다 성난 바람 속에서
그대의 호령소리를 듣는다
여수 앞 바다든 부산포 앞이든
적이 있는 곳이라면
어디라도 배를 띄워라 호령하던
그대의 목소리는
아직도 파도로 일렁이며 흐르고 있는데
지금 그대는 어디에 있는가
이 나라 산천은 억울한 것들로 가득 차
오늘도 이름 없는 잡초로
풀꽃으로 피고 또 피어나는데
그대는 무엇으로 다시 살아나
심판의 불화살을 당기겠는가
그대가 지키던 땅덩어리는 허리가 잘리고
지하도에는 쫓겨난 가장들이
무료급식 라면으로 허기를 채우는데
용기 없는 우리는
아직도 아무 말도 못하고
쪼그려 앉아 있구나
노량바다 앞에 무심한 듯 떠있는
저 섬과 섬 사이에서

'이놈들아! 이놈들아!' 목이 쉬어
호령하는 그대, 그대여.

남해 기행 · 3

다시 노량바다에서

노량바다에 와서
그대의 성난 목소리를 듣는다.
사람에 대한 믿음으로,
사람이 사는 세상을
만들기 위해 그대는 싸우고
또 그렇게 죽었지만,
안개 자욱한 노량바다에 와서
울면서 다시 그대의
목소리를 듣는다.
아직도 만들어 내지 못한
그대의 세상은
그대의 죽음 저 편에 있고,
사람에 대한 믿음
그대의 사랑과 평화는
이 땅 위에 없다.
아직 이 세상 것이 아닌
세상에 대한 믿음,
그대의 사랑과 그 평화를 위해
우리는 이렇게 세상에서 살아야 하고
또한 죽어 가야 하리니,
그대가 죽은 노량바다에 와서

다시 그대의 성난
목소리를 듣는다.
울면서 그대의 성난 목소리를 듣는다.

남해 기행 · 4

선창에서

어촌계장 박씨는
바람 부는 선창에 앉아
오늘도 찢어진 그물을 깁고 있습니다
낡은 그물을 펼쳐놓으면 지난날의
서러움도 같이 펼쳐지고,
한 올 한 올 말없이 그물을 꿰어 메어도
지나간 세월은 하나도 기워지지 않았습니다
수 만 밤을 바다에서 떠돌다가
남은 것은 하얗게 센 머리카락과
갈라진 손바닥뿐인데
낡은 저인망 그물을 바다에 던져
저 깊이도 모를 바다에 던져
이제 무엇을 건지려는지
우리 어촌계장 박씨는 오늘도
혼자 그물을 깁고 앉았습니다

남해 기행 · 5

묵상默想

하루의 고단함을 잊을 때
그대 향한 그리움이 강물 되어 흐릅니다
수천수만 꽃등이 켜지고
홀연히 떠오르는 그대의 모습에
입맞춤하는 내 마음의 십자가 하나
저녁 강물로 흐르는 외로움과
철없는 설움은 나를 처절하게 합니다
내 생을 가로지르는 운명은
너무 멀리 떨어진 막막한 이곳
어둠의 끝자락에서
외로운 설화를 만들고 있습니다
고통과 설움의 땅을 지나면
그대 계시는 쪽에 다가가리니
마주잡을 손을 펼치며
불어오는 바람맞이 합니다
가슴에 차오르는 적요의 불빛이여.

남해 기행 · 6

단가
- 장군의 죽음

그 때에 장군은
부하 장수들을 모아 놓고
"죽기를 기약하면 반드시 살 것이나
 살려고 한다면 오히려 죽으리라.
 명일 싸움에서 제장들은
 반드시 죽기를 기약하라.
 그리하면 단 한 척도
 적의 배가 돌아가지 못하리라"
하신 뒤 장병을 고루 배부르게 먹이고
쉬게 하더라.
마침 봉고파직이 되어
백의종군하던 장군이 삼도수군통제사로
다시 임명되어 명량해전에서
왜적을 크게 격파한지 얼마 되지 않았고,
왜국의 관백인 풍신수길이 죽어
전의를 상실한 왜군이 퇴각을 하던 중이라.
이에 조선과 명나라의 연합함대가
노량 앞 바다에서 왜군의 퇴로를 막으니
왜군도 어쩔 수 없이
새벽부터 전투대형으로 포진하여
싸움을 시작하는데,

수적으로 보면 왜군이 대략 네 배가 넘더라.
이렇게 자기네 숫자를 믿은 왜군이
조선과 명나라 수군을 둘러쌀 적에,
장군은 뱃전에 우뚝 서서
신위를 보이시는데,
장군도 긴 칼은 왼손을 내밀어 짚으시고
삼색 채대 질끈 동여맨 북채
오른손에 들고 둥둥 둥둥 북을 치며
조선과 명나라 수군을 지휘하시니,
성난 노룡이 바다에서 뛰노는 듯
파도는 높이 일어 이리로 철썩 저리로 철썩,
돌개바람은 날랜 수리 날개를 펴서 펄럭이듯
일시에 불어와서 적의 이목을 가리는구나.
용장 밑에 약졸이 어디 있겠느냐.
조선과 명나라 수군은
장졸의 구분이 그 시각부터 사라지고,
병졸까지 모두 여포가 되고
장비가 되어 이리 뛰고 저리 뛰어
용맹을 뽐내는구나.
화포는 콰강 쾅 쾅,
천자총통은 차르르르,

거북선은 용두로 화염을 내뿜으며
적의 뱃전을 들이받으니
우직끈 뚝딱 우지지직,
불붙은 화전은 이 쪽으로 날아가 고물에 꽂히고
저 쪽으로 날아가 적선의 돛대에 꽂혀
활활 화르르륵 불꽃이 되어 타오르더라.
그 때에 뭐이냐 왜군 장병들은 모두
경기 들린 양 놀래고 주눅이 들어서,
포연 속에서 동서남북을 분별조차 못하고
제 목숨을 구걸하며
도망갈 궁리에 여념이 없을 적에,
그런 경황 중에서도
우연히 왜군 부장 하나가
장군의 모습을 발견하여,
저격수 십여 명에게
조총을 겨냥해 쏘게 한지라.
그 중 한 발이 장군의 가슴을 관통하였더라.
그 때에 장군은
"나를 부축하여 일으켜 세우라.
 싸움이 끝날 때까지
 내가 죽었다고 알리지 말고
 계속 북을 치며 싸움을 독려하라"

유언을 하신 후 숨을 거두었구나.
이렇게 장군은 돌아가신 후에도
군신이 되어 싸움이 끝날 때까지
조선과 명나라 수군을 지휘하시니,
해 뜨면서 시작된 싸움이
이튿날 날이 밝아 올 때에 끝이 나더라.
오 백여 척이 넘던 왜적의 배는
대부분 깨어지고, 엎어지고,
찌그러지고 불에 타서 바다에 떠다니는 것은
깨어진 왜군 배의 나무 조각들과,
왜적의 시체 뿐,
도망간 왜선은 오십여 척에 불과하더라.
이렇게 남해 노량바다에서
벌어진 싸움이 대승으로 끝난 후
그날 저녁 회군을 하면서
비로소 장군의 부음을 알리니,
조선과 명나라 수군 장졸은 물론,
장군의 임지가 바뀌면
살던 집을 버리고 따라서 이사를 한
수많은 백성들까지 통곡하며 슬퍼하기를
부모상을 당한 듯이 하더라.
시신을 염하던 부하 장졸 몇이 장군이 전포 밑에

갑주 입지 않은 것을 알았으나,
당시 아무도 그 일의 깊은 사연을
또한 짐작하지 못하더라.

(이렇게 공은 마지막 싸움에서 스스로 목숨을 버리셨다. 만약 공이 전쟁이 끝나고도 살아 계셨더라면 당시의 정황을 보았을 때, 당쟁에 의해 역모로 몰릴 수밖에 없었을 것이다. 그때 공이 역모로 몰렸더라면, 부하장수는 물론, 공을 어버이같이 믿고 따르던 무고한 백성 상당수가 또한 희생을 면치 못하였을 것이니, 공은 이러한 사안을 미루어 짐작하였기에 죽음이라는 형식을 통해 일거에 모든 문제를 해결하신 것일지도 모른다.
그러므로 공의 죽음을 단순하게 전사라고 규정하는 것은 어쩌면 잘못일 수도 있다. 공의 죽음은 그렇게 보았을 때 대승적인 죽음이었으며, 살신성인이었던 것이다.)

남해 기행 · 7

남해에 와서

산이 많은 지방에 사는 사람들은 흔히
'그 때에 산을 하나 넘어가는데'
어쩌고 이야기를 시작하지만,
갯가에 사는 사람들은 '그 때에 바다를 건너다가'
어쩌고 하며 이야기를 시작합니다.
모양은 조금씩 달라도
산신령 계시지 않는 산이 없는 것처럼,
갯가에는 마을마다 용왕님이 한 분씩 계셨습니다.
서양이름으로 그 뭐라는 태풍이
올해는 세 개씩 왔는데도
영험하신 우리 용왕님 덕으로 큰 피해는 없었다고,
이웃마을 당골네라도 불러다가
굿이나 한 판 벌려야겠다고,
할머니는 저녁을 드시다가 말씀하셨습니다.
요즈음 젊은것들은
'용왕치성' 하나 제대로 드릴 줄도 모른다고,
화를 내면서 말씀을 하셨습니다.

남해 기행 · 8

바다에게

흐르는 세월을
바다야
어쩌란 말이냐.

그렇게
잊지 못하는 것을,
나더러
어쩌란 말이냐.

세월은 가도
사랑은 남는다고
누구는
노래했지만,

그 사랑을
바다야,
그 세월을
바다야,

나더러
어쩌란 말이냐.

또 어쩌란
말이냐.

남해 기행 · 9

새를 위한 묵상

물 건너가는 바람처럼
세상 저 편을 생각하며
하늘보다 높이 나는
새떼를 바라본다
산그늘이 발밑까지 드리울 때
허공 속으로 길을 내는
저 새들의 행로
바르고 곧은 것들만 골라
둥지를 치장하던 그때
새는 무엇을 생각했을까
새는 무엇을 보았을까
절망할 때 비상하는
새들의 날갯짓을 바라본다
알에서 깨어나 비상을 꿈꾸던
새는 지상에 널린
남루한 욕망보다 더 높이
하늘에서 세상의 첫눈을 뜨는
바람을 보았을 것이다
그리고 새는,

남해 기행 · 10

남해바다의 가족들

바람은 혼자 다니는 것이 아니라
구름을 데리고 다니는 것 같았다.
구름만 데리고 다니는 것이 아니라,
가끔은 소나기도 같이 데리고
다니는 것 같았다.
설사 그렇더라도
남해바다 알몸으로 떠 있는 섬들이
일러주지 않았더라면,
남해바다 그 맑은 물보라가
일러주지 않았더라면
어찌 짐작이나 했겠느냐.
소나기든 구름이든 모두 남해에서
출발하더라는 것을,
바람도 팔 할은 여기가 고향이란 것을
어찌 짐작이나 했겠느냐.

남해 기행 · 11

괭이갈매기의 추억

괭이갈매기
애기울음 하고 날아오르면
정겨운 어머니 다독이는 목소리같이
섬벼랑 아래
철썩이는 파도 소리는 자장가

하늘 처음 열린 날부터
먼 바다에 외롭게 핀 섬
눈시울 붉게 물들이고
양털담요자락 같이 저녁 노을 덮여오고

하늘과 바다와 섬이 어우러져
서로 교감하며 삼위일체로 떠오르며
진종일 수평선을
탄주하는 괭이갈매기

아기 새여, 높이 날면 멀리 보여요
바람과 맞서야 높이 날 수 있어요
수평선 너머에는 무엇이 있나 살펴봐요

저 멀리 더 멀리 백두대간
푸른 봉우리마다 보이게요
산간학교마다 펄럭이는 태극기 보이게요
책 읽는 숙이 얼굴
좁은 운동장 날쌘 돌이 철수
우리 모습이 환히 보이게 날자 날아오르자

바람 불어오는 쪽으로 얼굴을 하고
높이 날아가는 꿈,
꿈꾸는 새여, 괭이갈매기
저 외딴섬이 외롭다고 무리지어 거기
떼 지어 사는 물빛 영혼의 새여.

남해 기행 · 12

자갈치시장

자갈치 시장바닥 저 허기진 아우성을
축제의 가장행렬로 달랠 수 있겠느냐.
타고난 가난밖에 남은 것이 없는 선창,
남해집 울산집 그래, 한숨 같은
니나노 장단이 흘러나오고,
지금 이 나라 깊은 바다에는
슬픔 같은 안개만 자욱한데,
우리 젊은 날 부질없던 사랑의 약속이야
막소주 몇 잔에 지워버리면 그만이지
무엇이 아쉬워 손 흔들겠느냐
출어 못한 고깃배 만선의 뱃고동 소리
추억처럼 남겨 놓고, 갈 테면 가라
모두 버리고 가거라.

제3부

/

남해 시편 南海 詩篇

남해 시편 · 1

가짜 뉴스

당신의 말씀을 듣고
말씀에 취해 바라보는 세상은
높낮이가 다르구나
때로는 삐뚤어지고
때로는 나처럼 비틀거리는 것
바로 서 있는 것이
하나도 없는
이상한 세상이구나
눈을 감아도 비틀거리고
눈을 떠도 비틀거리는구나
이상도 하여라
해는 아직도 중천에 떠 있는데
세상은 온통 어둠뿐이로구나

남해 시편 · 2

적멸寂滅의 밤바다

뜬소리 소문이 달빛에 젖어
밤이슬이 된다
달빛 아래 밤바다는 빛나고
맑고 구슬픈 벌레소리
잘 여문 열매로 익어
스스로 일어서는 해탈이다

가부좌 틀고 앉은 화엄의 세계
미망迷妄의 세상 근심
바람처럼 스치면
적멸에 든 면벽수행이다

돌아오지 않는 시간 속
경황없이 떠나던 일생의
시작은 어디쯤일까
뉘우침 없이 살아온
내 생의 내력
헛기침 같은 나의 잘못을
사연 많은 세월이여 용서하라

손을 흔들며 전해오는 안부
내가 살아가는 지상에서
자유로운 목숨 하나
지탱하는 깨달음이리니

남해 시편 · 3

바람의 노래

1.
바람이로구나.
백두산에서 함경도로 내려와
이승에서 아직 가본 적 없는
강원도 금강산 일만이천봉,
그 첩첩 둘러 싼 구름.
동해바다 눈바람 안개골짜기도 지나서
오늘 새벽에야 내려온
그런 바람이구나.

2.
새벽에 돌아오는
바람이라도
되랴

잊혀지고 버려질수록
더욱 아름다운
우리 사랑의 아픈 기억 속에서
달빛은 시들어 가는데

홀로 돌아오는
바람이라도
되랴

키 큰 상수리나무 밑으로
손을 흔들며
돌아오는

아, 정말
그런 바람이라도
되랴.

남해 시편 · 4

기도를 위한 묵상

바다는 넓고 나의 작은 배는
거센 풍랑을 만났습니다
파도 속에 내던져지는
위험을 무릅쓰고
내일의 새 삶을 위해
오늘을 살아나게 해주십시오

먼 바다를 항해하는
나의 작은 배는
고독과 고뇌의 바다를 건너
눈물속의 기도와 서원으로
당신 곁으로 다가갑니다

잠 못 드는 불면의 날
내 삶의 바다를 위해
오직 사랑하는 마음으로
텅 빈 하늘의 자유를
당신처럼 맞이합니다

날마다 가슴에 새겨주신
뜨거운 말씀 한마디

세상의 무게가 주는
슬픔과 좋지 못한 생각들을
사라지게 합니다

바다 위 석양의 아름다움은
하루해가 아쉬운 나에게
가슴 저미게 찾아오는
당신을 향한 기도입니다

오늘도 기도를 위한 묵상으로
빛나는 세상의 햇살처럼
여유롭고 교만 없이
자랑할 수 없는 나의 생을
새롭게 살아갑니다

남해 시편 · 5

무제無題

돌아보면
또 얼마나 허망한 것이었는지
하루 밤 풋사랑 그 비릿한 신열이
얼마나, 얼마나 허망한 것이었는지
바닷물에 발 한 번 담그지도 못하고
부끄러워 서 있었는데
이제 되었으니 가라고,
가서 다시 한 번 시작하면 될 거라고
남해바다는 내게 가르쳐 주었다
사랑이란 친절하며 시기하지 않는다고
모든 것을 덮어 주며
모든 것을 견디는 것이라고,
사랑이란 세상에 남아 있는
마지막으로 순수한 또 뭐 그런 것이라고,
남해바다는 내 어깨를 끌어안고
웃으면서 말해 주었다.

남해 시편 · 6
길 하나

제 길을 찾기까지는
수많은 길을 거쳐야 한다
길이 길을 막고
둘러서 가는 길은
빨리 가는 새 길을 만들기
때문이리라
길속에서 길 잃고 서서
없는 길을 재촉한다
길은 언제나 여기에 있을진대
나에게서 시작되어
막바지 너에게로 가는 길
세상의 먼지 너머 길이 트이듯
아득히 흔들리는 불빛 사이로
마음 길 하나 열어놓고
구부러진 길로 우리는 살아왔느니
산을 넘고 마을을 지나
오늘도 사람의 길을 간다

남해 시편 · 7

길

바다 속에 우리가 모르는
길이 하나 있어서,
물고기는 모두 그 길로 다니고 있다면,
또 저 갈매기도
자기들끼리만 아는 길이 있어서,
저렇게 이리저리 날아다니고 있다면,
그렇다면 오늘 새벽이 저렇게 찬란한 것도
우리가 모르는 무슨 까닭이 있어서
그러하지 않겠느냐.
무엇인지는 모르지만
우리가 모르는 무슨 까닭이 있어서
그러하지 않겠느냐.

남해 시편 · 8
나의 기도

어쩌면 주님, 저희는 저희가 원하는 것을
얻기 위해 당신께 의지 하였습니다.
그렇습니다. 보잘 것 없는 저희 일상의 이익을
행복이라 여기며 그것을 위해 기도 하였습니다.
그러나 주님, 그런 것들은 결코 당신께서
저희에게 주실 수 없는 것임을 이제 압니다.
당신께서는 그런 허망함을 갖고있지 않기 때문입니다.
이 새벽 맑은 공기나 물소리 처럼,
어쩌면 떠도는 바람이거나
바람결에 묻어오는 꽃향기 처럼,
당신은 저희 곁에 머무시는 것을 알았기 때문입니다.
또 저희들 중에서 가장 모자라는 모습으로,
가장 힘 없는 사람의 모습으로,
때로는 먼지나 티끌이 되어
머무시는 것을 알았기 때문입니다.
주님의 외로움과 쓸쓸함을 위해서, 주님의 그 불안한
사랑을 위해서 기도하게 하여 주십시오.
그리하여 지금부터 주님께서 저희에게 의지하여 주십시오.
어쩌면 주님, 저희가 바로 당신이기 때문입니다.

남해 시편 · 9

나의 새벽은

나의 새벽은
밭을 가는 농부의 마음이다
새벽에 농부는 밭으로 나간다
지난 밤새 고뇌를 껴안고
흔들리며 넘어지고 신음하던
속살 아픈 시간을 넘기고
밭뙈기를 벌판에 펼치면서
바닥에 고인 슬픔의
흔적을 살핀다
힘껏 갈아가는 쟁깃날 끝
일생을 갈아가던
끝없는 나의 영토는
고랑마다 반짝이는 하늘빛
바람을 등에 지고
바람을 다독이는 나의 새벽은
돌밭을 갈아엎으며
어둠을 경작耕作한다

남해 시편 · 10

세한도歲寒圖 풍경

분리되지 않는 생각들
언제부터인가
잊거나 잃어버린 것들이
꿈이 되어 나타나는
기적의 현상
아득한 어느 세월
흘러가는 강물에 귀 기울이면
돌 구르는 무심한 소리
꿈만 꾸다 일어난
적막의 새벽에
나의 사랑은 물처럼 다가온다
드디어 너와 나는 물이 되고
강물 속 갈라지지 않는
물길 되어 흐른다
가끔은 현란한 우울증에
시달리지만
존재는 항상 빛난다
이 불온한 시대의 무위無爲
허공 속으로 떠도는
나의 세한도歲寒圖

남해 시편 · 11

어여쁜 질문

꽃 이름을 몇 개나 아느냐고
꽃 이름을 많이 외우면
꽃보다도 더 예뻐 지냐고,
어촌계장 박씨의
막내딸이 어느 날 내게 물었다.
꽃보다 더 예쁜 여섯 살 그 딸아이가 물었다.
나는 그 예쁜 손을 잡으며
바로 네가 꽃이라고 열 송이 스무 송이
그보다 더 많은 꽃이 피어나더라도,
어떻게 너처럼 예쁘겠느냐고
네가 훨씬 예쁘다고
손을 잡으며 말해 주었다.

남해 시편 · 12

세상의 기다림

그렇습니다. 저 풀꽃은 얼마나 오랜 기다림 끝에
세상에 제 모습을 드러내는 것일까요.
물거품으로 부스러지는 파도나
우연처럼 지나가는 저 바람도
얼마나 오랜 기다림 끝에
제 모습을 세상에 드러내는 것일까요.
사람의 목숨과 저 풀꽃의 목숨이
다르지 않는 것처럼 파도와 바람 또한
오랜 기다림 끝에 비로소 제 모습을
세상에 드러내는 것이라면
아 그것은 얼마나 소중한 것입니까.
오랜 기다림 끝에 비로소 제 모습을 세상에
드러내는 것이라면 말입니다.

남해 시편 · 13

남해 바다에서

1.
바람 불어오고
멀리서 어둠을 가르며
신새벽은 밝아오는데,
몇 가닥 별빛이
돛대 끝에 걸려있구나.

적의 배가 오기도 전에
일기당천,
함성은 우레와 같고
승리는 우리의 것이로다.

천자총통, 지자총통
석뢰에 담아 쏠 돌들까지
결의에 차서 적을 기다리나니,
승리는 이미
우리의 것이로다.

이 싸움을 위하여,
이 싸움을 함께 치룰
너희 장병들을 위하여,
내 목숨 또한
이렇게 예비된 것이리니,

오! 승리는 기필코
우리의 것이로다.

바람은 무정하게
불어오고,
멀리 신새벽은
밝아오는데,
어둠을 뚫고 밝아오는데.

2.
그래, 그대의 사랑
그대의 분노도
바다 속 깊숙이 묻힌 지
오래이고,
시위를 떠난 화살은
돌아오지 않는 법인데,
수천의 시위소리로,
다시 수만의
함성으로 되돌아오는
저 파도와 바람소리는
무엇이냐
또 무엇이냐.

남해 시편 · 14
낯선 풍경

허둥대는 바람 속에서
모르는 씨앗 하나
생명을 싹틔우고
떠도는 마음처럼
새 한 마리 날아간다
바람 가는 길을 따라
낯선 시장거리 지나면
알 수 없는 표정으로
사람들은 내일을 걱정한다
새벽하늘 초록별처럼
부끄러울 게 없는 내력을
깊은 상처 꿰매듯
만지작거리며 쓰다듬고
낯설지 않게 세상을 기대듯
사랑이여 잠시나마
너와 함께 있기 위하여
푸른 별들이 쉬어가는 여기
조용히 기대어 섰느니

제4부

/

민박집 최 할머니

남해 시편 · 15

내가 사랑하는 사람

차갑고 깨끗한 물은
그대로 목마른 사랑의 갈증이다
저마다 점점 멀어져가는 세상
촛불 하나 빛으로 되살아나
짙은 어둠을 밝히는데
어둠속에 서서
신 새벽을 기다리는 사람
소망처럼 지등紙燈을 밝히면서
모자라는 희망을 소원하고
온몸 다해 삶을 살던
그대 있음으로 아름다운
돌아서면 다시 그리워지는
그런 사람들

남해 시편 · 16

황혼 앞에서

들려오는 저녁 범종소리
저 장면 참 장엄하다
붉게 물들어
황홀하도록 아름다운
뜨거운 폐허

다시 살아서 나타나는
친구처럼
염화미소 아니면
간절한 욕망의 배경
말갛게 씻은 하늘에는
붉은 꽃이 가득하다

세상 온통 향기로 채우고
이미 떠난 사람의
이름조차 잊어버린 오늘
외롭다는 것은
오히려 삶의 애절함인가

갠지스강가의 어느 죽음이
쓸쓸함의 가장자리에

바람의 결을 만지며
불을 놓듯이
이런 아득함 속에서
하늘에 불을 붙인다

남해 시편 · 17

달빛 산책

달빛 흐르는 길목을 걷는다
따뜻이 기다리는 그대의
그림자를 바라보면서
산 넘고 강 너머 눈먼 우화같이
천리 밖 꽃잎 지는 소리를 듣는다
적막한 천지
시들은 풀잎 위로
차근차근 가진 것 내려놓는
세상의 일상 속
나를 에워싸는 텅 빈 꿈의 슬픔
멀리 물러나 돌아앉은 강산으로
밀려드는 소멸의 아름다움이여
인적 없는 이곳 달빛으로
어둠의 속살을 벗겨내면
이 땅에 새겨지는 오묘한 빛깔
허무의 모습일까
까마득히 사라진 모든 것
물결처럼 일어서고 부서져
윤회하는데
세상천지 청명이다
더 낮은 곳으로 꽃잎이 진다

남해 시편 · 18

막장에서

더는 내려갈 수 없는 막장에서
우리가 캐내는 것이
어찌 석탄뿐이겠느냐.
세상의 슬픔 그 깊은 절망의 암반을 깨트려
우리가 캐내는 것은 차라리 희망이어야 한다.
검은 연탄가루 날리는 탄광촌
희미한 전등 속에서
새벽이면 날아오르는
아이들의 고단한 꿈이어야 한다.
어두운 갱도를 내려가
일백오십팔 미터 막장으로 내려가
암반보다 더 두꺼운 절망을 딛고
우리가 캐내는 것이
어찌 석탄뿐이겠느냐.
눈물뿐이겠느냐.

남해 시편 · 19

민박집 최 할머니

경남 통영군 작은 섬 하나
연화도 어느 민박집
이 세상 모든 것이 너무 아까워
웬만하면 버릴 것이 없다는
일흔이 넘은 최 할머니
지나온 시절을 생각하면
세모시처럼 곱던 그날이
적막으로 다가와 물꽃이 된다
형체도 없이 사라진 시간
차마 버리지 못하고 남겨둔
순간의 고통까지 아름답게
피었다 지는 꽃이 되고
경이롭게 선한 생이 되어
바닷새의 정다운 울음소리 들으며
들숨날숨 물결에 흔들린다
세상은 강함이 아니라
부드러움으로 이기는 것이라며
실패도 때로는 인생의 밑거름이 되어 발 아래서
기쁨으로 피어난다는
한 번은 생각해볼 그 말씀
꿈꾸듯 지나온 아름다운 길
끝을 향해 걸어보게 한다

남해 시편 · 20

시를 아시나요?

  신수도 앞 바다 남해옥에 춘심이가 있는 것처럼, 남해에도 사람들이 살고 있다고, 갈매기나 물고기만 사는 것이 아니라고, 그것도 모르면서 무슨 시를 쓰냐고, 하얗게 눈을 흘기며 춘심이가 말했다. 어촌계장 박씨와 남해옥에서 술을 마신 며칠 뒤 춘심이가 말했다. 어촌계장 아저씨한테 '시인이라는 이야기를 들었다'고, 자기는 아직도 시인을 제일 좋아한다고 얼굴까지 빨개지며 춘심이가 말했다. 우리 춘심이는 열아홉 살 꽃띠고, 서정주 선생 시가 좋아서 낭송하기도 하고, 가끔씩 술 대신 시에 취하기도 하며, 가끔 씩은 아름다운 꿈을 꾸기도 한다고, 정말 그렇다고 말했다.

여행 시편 · 1

기다림을 위하여
－ 태화강 국가정원

이리도 눈부시게 푸르른 날이면
윤슬 반짝이는 태화강
국가정원으로 가보시게
햇살 부스러기 수북이 깔린
참 맑고 여린 그 꽃길
세상일 고이 접어 내려놓고
가진 것 없이 홀가분한 마음으로
길마다 한세상의 무게와
세상일의 유별난 이름들이
바람 속에 흔들리지만
숨소리조차 아득한 숲길 사이
그 길을 걷다가
어느새 잊었던 착한 얼굴 하나
떠올려 보시게
태어나기 전에 이름부터 지은
우리 아기 얘기처럼
아하, 생각만 해도 감명 깊은
촉촉하게 젖은 생각을 감싸고
기다리는 그 사람처럼 팔을 벌린
태화강이며 국가정원 중간쯤
굽은 그 숲길을 찾아보시게

여행 시편 · 2

겨울 수목원에서

눈을 맞으며 서 있는
소나무에게서
이승의 셈법을 배운다
못난 나보다 너를 눈여겨
바라보는 겨울 수목원에는
가진 것 없이도 베푸는
허적虛寂의 가지
삶과 죽음은 자연의
한 조각이라는데
괘념 말라며 손 흔든다
내린 눈으로 지워진
저 길을 따라 세월은 가고
희망의 몸짓으로 다시 다가오는
깊이 감춰둔 비밀 같은
영원한 말씀이여
힘들고 지친 날은
아름다운 세상 속
진심을 찾아내 팔 벌린
소나무 아래
자리 찾아 눕고 싶다

여행 시편 · 3
그 사람

바람 되어 첨벙첨벙 바다를 건너오는
그 사람
맨살을 드러내어 수다를 떨다가
눈부신 햇살을 몸에 두르면
은빛 가슴에는 사랑이 타오르네
밤마다 기다리던 풋풋한 그리움
맑은 향으로 나의 심연에 닿아
천둥 같은 아픔으로 담금질하네
천지의 성스러움 저만치 있는데
산그늘처럼 다가오는 우리 사랑은
해질녘의 노을보다 황홀하구나
죽음보다 강렬한 한 생의 내력
나의 침실에 잠재운 침묵이 입맞춤 하네
산목숨의 애절함은 어디에 있는가
아슬아슬한 삶을 살아가는 피곤한 하루
그대와 나 여기 있으리니
생각은 또 생각을 부르고
바람 되어 바다를 건너가는 그 사람
젖은 마음속에서 자라나는
사랑만큼 경이롭네

여행 시편 · 4

사랑이여

내 한 생은
당신을 부르며 살았다
먼 바다 망망대해에서
건너편 물결 따라
또 다른 바다를 보는
거리만큼 그리운
당신을 부르며 살았다
이 세상의 긴 강처럼
흐르면서 한 평생이라는
삶의 방향을 살폈다
가늠할 수 없는 거리
당신을 살펴보고 부르면서
남녘 푸른 바다 끝
어느 변방에서
비바람을 가리고 살았다
사랑이여,
사람의 사랑은 함께 물결치며
서로를 열망하는 것이다

여행 시편 · 5

금정산 고당봉 金井山 姑堂峰

산 위의 산, 구름 사이
하늘 문 열리고
아득하여
바람도 길을 묻는데
숲과 바위를 돌아
온몸으로 찾아온 고당봉

오랜 혼란 끝에 얻은 자유
너와 나 여기 들어와
천 갈래 길,
만 가지 생각 가다듬어 볼지니
고요와 적막이
어디서 시작되는지
이제야 알겠네

종일토록 뒤따라온
바람의 행로行路
빈 가슴 속
반짝이는 화두 하나 남기고
어디론가 사라졌네

덧없는 것들 떨쳐버리고
맑게 와 닿는 고운 말씀
굴곡의 우리 생애
벼랑길에 선 것 같네

발아래
먼 속계俗界의 아득함이여
중심中心의 외로움이여.

덧없는 것들 떨쳐버리고
맑게 와 닿는 고운 말씀
굴곡의 우리 생애
벼랑길에 선 것 같네

발아래
먼 속계俗界의 아득함이여
중심中心의 외로움이여.

여행 시편 · 6

새벽달처럼

내 머리맡에 놓여 있던
꿈자리는 어디로 갔을까
신 새벽 허기진 생각들이
어지럽게 널려있는 머리맡에는
식지 않는 온기만이 남아
지난밤 꿈속에서
홀로 서성이던
오랜 친구의 덥수룩한 모습이
따뜻한 손길로 목소리로
새벽달처럼 다가온다
쓸쓸하다는 생각도 잠시
내 머리맡에 내려놓았던
떠오르지 않는 노래 같은
축복의 말씀들을 찾으며
나에게로 오는 새날을 맞는다
손만 내밀면 닿는 머리맡에는
그윽이 나와 밤을 지새운
사연 많은 새내기 시편들이
무릎을 꿇고 떠나지 않는다
내 생의 빈칸을 채워주는
온갖 문장들이 낮밤 가림 없이

야무진 얼굴로 남고 남아
따뜻한 온기와 제 손길을
적막 속에 여미고 있다

여행 시편 · 7

사랑한다는 말은

사랑한다는 말은
비 오는 날
호수에 떨어지는
빗방울이다
동그랗게 원을 그리며
잔잔히 파문 지는
그 말은
적막의 물꽃으로
피었다 지고
사랑한다는 말은
저리도 아름다운
순간의 경전이다
무거운 내 생은
세상 소란에 떨려도
여리고 곱게
사랑한다는 말은
가슴 위로 떨어지는
수직의 빗방울이다

제5부

/

애진봉愛鎭峰 가는 길

여행 시편 · 8

소리화석化石

소리화석化石을 열어보면
1억 6000만 년 전 중생대 숲속의
폭포수와 바람소리 들린다
공룡 마을의 티라노사우루스 발자국
바람 부는 그 바닷가에 서면
겨울바다 두터운 외투 속에서
끝없이 풀려나오는
수천 수백만의 목숨들
하늘 속으로 솟구쳐 날아가
한 번도 가져보지 못한
불운한 새 생명의 탄생은
서릿바람 속에 아득하여라
소리화석의 잔잔한 울음소리
낮달 걸린 하늘의 창백한
낯빛으로 파문을 일으킨다
허리 펴지 못한 세상의 경계를
허물고 고단한 뿌리를 내리면
공중에 가득 찬 생멸生滅의 존재
소리의 화석들이 일제히 깨어나
세상천지 폭포처럼 울린다
어제는 온종일 강물소리 들리더니.

여행 시편 · 9

송천리 시편 松川里 詩篇 · 1

얼어붙은 강이 길이 되듯
미더운 마음 사랑이 되리
맑은 햇살 밀려오는 창가에 앉아
무거운 생
젖은 마음 내려놓고
그대에게 편지를 쓰네
뜬눈으로 밤새운 언약
꽃잎 되어 떨어지고
여린 가지의 떨림으로
밝아오는 세상의 그리움
잠시 생각을 거두어
지나온 자취를 찾아보네
청명 곡우 지나면
산천을 적시는 봄기운
철쭉꽃 화사하게 빛을 뿜고
술렁이는 계절에 길을 따라
그대와 호젓이
찾아가는 낯선 간이역
꽃과 나무가 어울리는 숲속
무한 파장으로 설레는 그곳으로
떠나고 싶네

* 송천리(松川里) : 경남 고성군 하일면 송천리. 자란만(紫蘭灣) 바다에 자란섬(紫蘭島)과 작은 섬들이 올망졸망 떠 있는 바닷가 마을. 〈상족암·공룡박물관〉으로 가는 1010번 도로가 지나고 있음.

여행 시편 · 10

송천리松川里에서 쓴 편지 · 3

꿈에서도 찾지 못하는
별자리 하나
얼마나 아득하고
먼 거리였을까
너와 나 사이
겹겹이 가리는 산과 산
눈 감으면 해일처럼
천만 번 밀려오고
손짓해 부르면
어느새 사라지는
조용한 파동
세상의 발자국은
한낱 바람꽃인가
지성으로 기다리는
화엄의 눈빛이여

여행 시편 · 11

순수를 꿈꾸며

적멸의 깊이를
알 수 있을까
찬란한 고요 속에
얻어진 무명
맑은 차 따르면서
세상의 향기
가슴에 담고
원융圓融한 마음은
구름과 달이 되었는데
목숨 하나 얻어
찰나를 영원으로 알고
무심한 강물처럼
비정을 노래했구나
저무는 강물 위로
흩어지는 가랑잎
참회의 흔적이여
말이 필요 없는 순간
생각은 익어서
행복하여라

여행 시편 · 12

시를 쓴다는 것은

지난밤 꿈같은 말들이
머리맡에 놓여있다
앞가슴 풀어 제친
정신 나간 사람처럼
화려한 취기로 길을 더듬던
무지몽매한 어둠속에서
세상바닥에 말의 씨앗을 심고
서늘한 가슴에 매달린
고뇌 주머니를 풀면
아득히 먼 곳에서 다가오는
젖은 눈망울 하나
시간의 그림자 속에 젖어든다
뜨거운 한여름 밤을 흔들던
적폐청산이란 혁명공약
나의 지상은 유폐된 공간이다
허공으로 향하는 나의 절규
눈물로 붉게 타는 노을이여.

여행 시편 · 13

시집 한 권

영광도서 시집코너에서
시집 한 권을 골랐다
잘 알려진 시인의 시집은 제외하고
서울에 있는 출판사
유명 출판사에서 찍은 시집은 제외하고
처음 듣는 무명 시인의
시집 한 권을 골랐다
무슨 선심이라도 쓰듯
호기 있게 천 원짜리 지폐 몇 장으로
시집 한 권을 골랐다
그 순간 시집 한 권의 무게는
한 인간의 생애의 무게가 되어
한 시인의 이름 없는 고통과
이름 없는 슬픔이 되어
내게 다가왔다
오, 무거운 시집 한 권의 무게.

여행 시편 · 14

애진봉愛鎭峰 가는 길

높은 산에서는 사람도
새처럼 날 수 있겠다

천년의 기다림을
깃털처럼 부풀리며
온몸 달아올라
절박하게 내달으면
자세를 틀고
마침내 날 수 있겠구나

순명順命으로
제 그림자 지우며
가을산은 붉게 타오르고
황갈색 낙엽은 지고 있는데
저만치 산에 오르면
온통 절정이다

억새꽃 무성한 산등성이
휩쓸린 시간 속에
단 한 번 날기 위해
메마르고 푸른 길

발자국 흔적 따라
여기까지 왔구나

높은 산에서는 새처럼
사람도 날 수 있겠다.

※ 애진봉(愛鎭峰) : 백양산(白楊山) 정상 산봉우리

여행 시편 · 15

여행 · 2
– 해지는 마을

해바라기처럼
그리움을 따르던
한때가 있었다

거리의 불빛만큼
가슴 저리던 그대의 사랑
사람살이 지치고
막막할 때
희망의 새벽별로 다가와
지상의 모든 길을 비추고
겹겹이 펼친 길을 지나
내 안의 나를 찾고
보이는 길을 따라 나서면
또 다른 길이 있다는 것을
남해 금산을 오르며 알았다

검푸른 나무 사이로
쉬임없이 쏟아지는 날빛
내 마음 깃들 수 있는
둥지 하나 찾아본다

가슴에 차오르는 그리움은
뜨거운 불이 되어
한기에 지친 나에게
오직 기다리는 일이
사랑보다 소중한 행복이라는
그 말씀을 생각한다

삶의 무게 날로 더해 가는데
남해 바닷가 해지는 마을
오늘 나의 여행길은
여기서 끝이 된다

여행 시편 · 16

운주사雲住寺에서

1.
숲을 흔들며
지나가는 바람소리를 들었다
나뭇가지와 가지 사이에서
언뜻 언뜻 빛나고 있는 별들
밤새 숲을 흔드는
바람소리를 들었다
돌 자갈 위를
조심스럽게 걸어가는 인경소리와
그리고 그 속으로
새벽이 열리는 소리를 들었다.

2.
그래, 따지고 보면 우리는 그냥 풀잎
같은 것이거나 그것도 아니면 먼지나
티끌 같은 것일끼여.

여행 시편 · 17

유배지流配地의 눈

유배지에 눈이 내린다
하염없이 내리는 눈 속을
터벅터벅 걸어서
길게 가지 뻗은 소나무 아래 서있을까
고삐달린 생각을 비끌어 매고
그리움으로 변한 나의 땀방울
눈물이 매달린 가지사이
눈이 내리면
꽃 지고 잎 떨어진 이 땅은
묵언의 세상이다
사라지는 말이라도
끝없이 침몰하는 생각일지라도
혼신의 열정으로 떠오르는
일출의 불덩이처럼
불붙은 사랑으로 다가올 수 있을까
세상을 잊은 듯 사라지는 저 눈송이
마음을 태우다 어느 날 잃어버린
고요한 일생의 아픔일까
스스로 온몸 불살라 하얀 재로 남은
이 세상 가득 찬 외로움인가
허공을 맴돌며 느릿느릿 춤을 추는 나비
하얀 나비

여행 시편 · 18

유좌지기 宥坐之器

오래 동안 새겨두고 잠시 잊었던 넉자
글자대로 늘 곁에 두고 보는 그릇
마음을 적당히 가지라는 뜻을 새기기 위해
늘 곁에 두고 보는 그릇이라는 뜻이지요.
'유좌지기의 교훈'이라면
속을 비우지도 말고 가득 채우지도 말고,
적당하게 조절하라는 교훈이다.

공자가 주나라 환공의 사당에 간 일이 있었다.
사당 안에는 의기가 있었고
그것은 자유로이 기울어질 수 있도록
그릇을 매달아 놓는 기구였다
공자가 사당지기에게 물었다
"이것은 무엇 하는 그릇입니까?"
그러자 사당지기가 이렇게 대답했다
"늘 곁에 두고 보는 그릇[宥坐之器]입니다."
이 말에 공자는 고개를 끄덕이며 말했다.
나도 들은 적이 있거니와,
유좌지기는 속이 비면 기울어지고,
적당하게 물이 차면 바로 서 있고,
가득 채워지면 엎질러진다고 했지요

유좌지기는 속이 비면 이리저리 기울고,
어쩌다 가득 채우면 그만 엎질러져 버린다
적절하게 물이 차야 중심을 잘 잡고
서 있을 수 있다는데
사람이 마음을 어떻게 간수해야 하는지
상징하는 그릇이 된다지요
명예도 재물도 세상일 아무것도
이루지 못한 것도 딱한 일이지만
지나치게 채우는 것도 좋지 못 하구나
공자도 그 뜻을 알았기에
고개를 끄덕였으리니.

〈공자가어〉에 나오는 말이다.
※ 의기 : 의식에 쓰는 의례용 기구

여행 시편 · 19

파도에게 · 2

내 마음 둘둘 말아
흔들고 다니는 바람처럼
너 또한 나를 흔들며
잠들지 못하게 하는구나

숨어서 한 시절을 보낸 내게
잊었던 기억 하나 찾아내어
손짓하며 아우성치고 있구나

끊임없이 다가와 부서지는 것이
다시 살아나는 소생의 길이라면
차라리 소멸하듯
한없이 부서져
흔적도 없이 밀려가리니

푸른 일기장 위에
생의 한 페이지를 밤새도록
지우고 다시 쓰다가
신 새벽을 여는
지독한 이 그리움
영원히 몸짓을 멈추지 않는
너, 절묘한 사랑이여

■ 시인의 산문

풍격風格, 시품詩品과 인품人品

변종환 (시인)

■ 공공장소 '변종환 시비' 건립 안내

풀잎의 잠 / 꽃의 서시序詩

■ 시인의 산문

풍격風格, 시품詩品과 인품人品

변 종 환 (시인)

夜深星逾輝(야심성유휘), '밤이 깊을수록 별이 더욱 빛난다'는 말은 평소 저가 잘 쓰는 말입니다. 이 말은 이제 저의 신념입니다.

한때 바깥세상은 백만 개의 촛불이 밤을 밝히고 함성이 메아리치는 사상 유례없는 난맥상 속에 인간으로서의 정도를 벗어난 혼란과 가치관의 폭락으로 어수선하기만 했습니다. 홍역을 치루 듯 한 시절을 보내고 이제 나의 내면을 들여다보며 이 땅에 뿌리 내린 민초의 본래 모습으로 돌아와 속절없이 내게 주어진 시업詩業에 매달리고 있습니다. 서리를 맞아가며 홀로 피어나 찬바람을 견디는 국화에서 오상고절傲霜孤節을 볼 수 있던 여유로움이나 단풍의 풍경에서 그 조화롭고 아름다운 빛깔의 이미지를 절감할 것 같았던 계절의 풍요로움마저 이제는 비애悲哀의 모습으로 비쳐지기도 합니다.

'이것이 인간인가?'라는 말은 유대계 이탈리아 과학자이자 작가인 프리모 레비가 『아우슈비츠의 생존기』에서 던진 유명한 질문입니다. 만약에 이것이 인간이라면 이 인간을 우리가 옹호할 수 있겠는가? 왜냐면 그는 비인간을 인간에게서 수없이 보았기 때문입니다.

그래서 과학자였던 사람이 아우슈비츠 이후 인문학자가 되었습니다. 그리고 어떤 인문학자가 던진 질문보다 더 절절한 질문을 던집니다. 그것은 저가 말씀드리고 싶은 '인간을 인간이게 하는 것은 무엇일까' 하는 질문입니다. 그것은 인문학이 갖고 있는 오랜 기본 질문을, 좋은 문학과 예술은 결국 삶에 대한 근본적인 긍정이라는 메시지를 담고 있습니다. 아무리 지독한 악마의 정이 지배하고 있더라도 끝끝내 꺾어지지 않는 인간정신이 있고, 아무리 할퀴고 짓밟아도 끝끝내 소멸될 수 없는 근원적인 기운이 있다는 것을 우리 문학예술을 사랑하는 사람들이 믿을 수 있게 하는 것이 좋은 문학예술의 몫입니다.

하지만 문학예술은 어제도 오늘도 평온한 시대의 노래가 아닙니다. 문학은 검열이 한창이던 식민지 시대에도 팔다리가 잘려 나가는 전쟁 중에도 군사정권의 폭압 속에서도 작은 삶의 공간을 다루며 꿈을 현실화하려는 열망을 가졌습니다. 왜냐하면 좋은 문학은 삶에 대한 긍정의 메시지를 담고 있기 때문입니다. 그런 의미에서 모든 진정한 문학예술은 몽상의 기록이자, 일종의 기도祈禱라고 할 수 있습니다. 희망이 보이지 않는 시대, 이런 캄캄한

상황에서 문학예술은 정말 무엇이든 할 수 있는 것입니다.

　만유인력을 발견한 뉴턴이 사과나무에서 떨어지는 사과를 보면서 시적 영감을 느끼지 못했다면 그는 자연의 법칙을 창안하지 못했을 것이지요. 미래를 창조한다는 것은 인간의 꿈을 실현한다는 것이며 불가능한 것을 가능한 것으로 만드는 것도 인간의 상상을 통해 이루어지는 것입니다. 달나라에 가고 싶다는 인간의 꿈이 없었더라면 이태백의 시가 탄생하지 않았을 것이며 우주선을 타고 달에 착륙하는 과학적 성취도 불가능했을 것입니다. 과학을 강조한다고 하더라도 그 과학의 발전을 가능하게 하는 인간이 없다면 그 과학은 무용한 것입니다. 과학을 발전시키는 것도 인간이요 그것을 향유하는 것도 인간입니다. 인간은 꿈을 먹고 사는 존재이며 미래의 희망을 실현하기 위해서 사는 존재인 것입니다.

　미래란 현재 '이후'의 시간이 아니라, 더 먼 미래 '이전'의 시간입니다. 그래서 더 멀리 바라보는 자가 미래를 창조할 수 있습니다. 오이디푸스는 스스로 눈을 찔러 장님이 됨으로써 자신의 맹목盲目을 인정했습니다. 그 이후로 그 전에는 보지 못하던 것들을 더 잘 보게 되었을 수도 있습니다. 오이디푸스의 경우처럼 문학과 예술은 과학이 보지 못하는 것을 더 잘 보게 해주는 '마음의 눈'이 될 수 있습니다. 보이지 않는 것은 믿어야 보이지요. '무신불립無信不立', 즉 "믿음이 없으면 설 수 없다"는 말은 문화예술의 미래에도 해당됩니다.

　옛날에 변화卞和라는 사람이 있었습니다. 그는 우연히 진귀한 옥돌을 발견하여 왕에게 바쳤습니다. 그러나 옥을 감정하는 사람이 돌이라고 하자 왕은 화가 나서 변화의 왼쪽 발을 잘라 버렸습니다. 다시 세월이 지나 다음 왕이 즉위하자 변화는 또 옥을 갖다 바쳤습니다. 감정 결과, 또 돌이라는 판정을 받았습니다. 이번에는 왕이 그의 오른쪽 발을 잘라 버렸습니다. 그 후 그다음 왕이 즉위하자 변화는 초산 아래서 옥돌을 껴안고 사흘 밤낮을 통곡했습니다. 나중에는 눈물이 말라 피가 흘렀습니다. 왕이 이 소식을 전해 듣고 까닭을 물었습니다.

　"저는 발이 잘려 슬퍼하는 것이 아닙니다. 천하의 보옥을 돌이라 하고, 정직한 선비를 거짓말을 했다 하여 벌을 준 것이 슬프기 때문입니다."

　왕은 그 옥을 가져다가 다듬어 보옥을 만들었습니다. 그 보옥의 이름이 바로 유명한 '화씨벽和氏璧'입니다. 천하의 보물은 그저 생겨나는 것이 아니지요. 알아주는 사람이 목숨을 걸고 생명을 불어넣어 줌으로써 생겨나는 것입니다. 진심과 진정성, 이것이 보물을 만들어 내고 좋은 작품을 만들어 내는 비법입니다.

　어찌 보면 사람은 일종의 그릇입니다. 태어날 때 그 그릇의 크기와 모양이 결정되어 있는 초벌구이 같은 것이지요. 인생을 살면서 우리는 그 그릇을 몇 번 다시 가마에 구워 쉽게 깨지지 않도록 단련하고, 좋아하는 색깔로 채색하며, 일상의 손때를 묻혀 훌륭한 자기瓷器로 완성해 가는 것입니다. 작고 정교한 그릇에 많은 음식을 담을 수 없고, 세숫대야에 음식을 담아 내오지 않습니다. 모두 그 쓰임에 맞아야 합니다. 자신의 적합한 쓰임새를 찾는 것이 세상에 자신을 내보이려는 사람이 가장 먼저 생각해야 하는 과제입니다. 타고난 모양대로 그 용도에 맞는 가장 훌륭한 그릇으로 자신을 다듬어 가야 그 인생이 아름답습니다. 사람에게는 자신만의 길이 있게 마련이지요. 역사는 자신에게 맞는 역할을 훌륭하게 수행하다 간 사람들의 빛나는 휴먼드라마입니다.

  사마천의 얘기를 하나 하겠습니다. 『사기史記』를 지은 사마천司馬遷은 전쟁터에 나갔던 한 친구를 변호하다가 한무제漢武帝의 노여움을 사게 되었습니다. 그 친구는 이릉이라는 장수였습니다. 적은 병력으로 선전했으나 열 배가 넘는 흉노에게 포위되어 어쩔 수 없이 투항하게 되었는데, 사마천은 이릉의 인품과 지난날의 전공을 들어 그를 변호했던 것입니다. 그러나 조정의 중론은 투항한 이릉에게 책임을 물어 희생양을 만들고, 총사령관이었던 이광리의 패전의 잘못을 덮어주는 것으로 대세가 기울었습니다. 외로운 사마천은 결국 궁형宮刑의 치욕을 당하게 되었습니다. 그것은 남성을 거세하는 형벌이었기 때문에 너무나 모욕적인 것이어서 당시 대부분의 사람들은 궁형을 선고받게 되면 스스로 자진했습니다. 자결이 마지막 자존심을 지켜내는 방법이었지요. 그러나 사마천은 궁형의 치욕을 받아냈습니다. 그리고 『사기』라는 불후의 걸작을 써냈습니다.

사마천은 임안任安이라는 사람에게 보낸 편지에서 "마음속에 맹세한 것을 완성하지 못함이 원통해서이며, 이대로 죽어버림으로써 내 문장이 후세에 남지 못하게 됨을 애석하게 여겨 죽을 수가 없었다."고 전했습니다. 그는 자신의 길을 갔습니다. 그리고 역사는 그런 그를 기억해 주었지요. 그가 바로 역사 자체였습니다. 그가 쓴 『사기』 열전은 자신에게 주어진 역할이 무엇인지 알기 위해 고뇌하고, 결국 그 길을 선택할 수밖에 없었던 무수한 인물들의 핏빛 역정을 기록해 두었습니다.

누군가의 행동 하나하나가 우리에겐 가장 중요한 본질로 다가올 수 있습니다. 우리가 사랑하거나 싫어하는 본질, 동경하거나 경멸하는 알맹이, 몹시 본받고 싶거나 피해버리고 싶은 바로 그것. 가장 사소한 행동이 보여주는 표현방식 안에서 한 사람의 내적 삶 전체를 볼 수 있다고 생각하는 건 그리 터무니없는 얘기가 아닙니다. 우리의 통찰력이 예리하고 심도 깊다면 충분히 그럴 수 있지요.

진짜 문제는 표현방식에 있는 게 아니라 그것을 어떻게 사용하는가에 있습니다. 깊이 있고 진한 지성의 향내를 드러내는 표현방식이 있는가 하면, 얄팍하고 자기 기만적인 지성을 보여주는 표현방식도 있습니다. 한 사람이 현실성을 지닌 존재인지 환상 속에 사는 존재인지 판단하려면 그 사람의 표현방식을 보면 됩니다. 우리는 누군가의 화법을 통해 가장 확실하게 그 사람을 보곤 합니다.

저는 우리 문학예술이 종국적으로 지켜야 할 힘은, 우리를 부드러움으로 마음을 풀어놓는 것이라고 생각하는 편입니다. 그것은 굳어진 것을 유연하게 만들고 닫힌 것을 열어놓고 격앙된 것을 소곤거리게 하며 막힌 것을 뚫리게 하고 잠자던 것을 깨어나게 하며 멍울진 것에 새로운 피가 돌게 하고 짧은 눈을 길게 늘이고 좁은 마음을 넓게 펴게 하는 것입니다. 문학작품에서만이 아니라 음악이나 영화나 그림 등 뛰어난 예술작품들이 우리에게 귀중한 것으로 다가오는 것은, 그것들이 원천적으로 우리의 의식과 시야를 살아 움직이게 하고 넓고 높고 깊이 있게 만드는 부드러움을 지닌 때문입니다. 지금처럼 한과 원망이 깔려있는 시대에는 저마다의 불신과 원한이 문학예술을 통해 설움과 기쁨을 함께 나누는 동안에 공감과 화해의 정서로 변해가는 것, 그런 아름다운 정경을 바라보며 우리 자신의 마음속이 그렇게 변해가는 과정에는 바로 그 부드러움이 감싸고 있는 것입니다.

이런 생각을 할 때마다 떠오르는 것은 남명南冥 조식曹植 선생의 지리산 천왕봉에 대한 한시 한 편입니다.

請看千石鐘 (청간천석종)
非大扣無聲 (비대구무성)
萬古天王峯 (만고천왕봉)
天鳴猶不鳴 (천명유불명)

보라! 천 섬들이 쇠북은
크게 치지 않으면 소리 나지 않는다
그러나 만고의 천왕봉은
하늘이 울어도 울지 않는다

- 「지리산 천왕봉天王峯」(『대동시선大東詩選』)

조선 중엽의 학자 남명 조식 선생이 지리산 천왕봉을 소재로 쓴 작품입니다. 거대한 종처럼 만고에 드높게 솟아 있는 천왕봉은 그 어떤 벼락과 천둥에도 끄떡하지 않고 늠름하게 제자리를 지키고 서 있지요. 아무리 큰 충격이 와도 가볍게 반응하지 않는 청왕봉의 기상, 원문으로 스무 자밖에 안 되는 언어로 장중하게 표현했습니다.

남명의 시 「지리산 천왕봉」은 성호星湖 이익 선생으로부터 "이 얼마나 놀라운 역량과 기백인가? (…중략…) 사람으로 하여금 심장과 담력이 저절로 부풀게 만든다"라는 찬탄을 이끌어낸 명작이지요.

이 작품에 전통적 비평의 방법인 풍격風格을 적용해본다면 과연 어떤 풍격이 어울릴까요? 웅장한 천왕봉의 형세를 표현하면서 작자의 장대한 기개까지 그려냈으므로

'웅혼雄渾'이란 말이 더 적절해 보입니다. 풍격은 이렇게 한두 글자로 시와 시인에 대한 독자의 미적 판단을 간명하게 집약적으로 표현합니다.

그렇다면 '웅혼雄渾'의 의미는 대체 무엇일까요? 『표준국어대사전』에서는 웅혼을 "글이나 글씨 또는 기운 따위가 웅장하고 막힘이 없다"는 뜻을 가진 '웅혼하다'의 어근이라고 하였습니다. 우리말에서는 '웅혼'이 명사로는 잘 쓰이지 않으므로 '웅혼함'이라고 표현해야 더 자연스럽게 느껴지나, 미학용어로는 오래전부터 널리 사용되었으므로 '웅혼'이라는 말을 그대로 사용하고자 합니다.

사전에서 풀이한 대로 웅혼은 웅장하고 막힘없는 경지나 특징을 가리킵니다. 시문을 평가하거나 특정 작가의 작풍作風을 얘기할 때 웅혼이라는 말을 자주 쓰지요. 그런데 이 말이 사용된 유래를 살펴보면, 뜻밖에도 중국 고전산문의 대가인 당나라 한유韓愈의 작품을 총평할 때 처음 사용했다는 것을 확인할 수 있습니다. 한유와 같은 경지에 올라야 받을 수 있는 평가이므로 그처럼 위대한 작가가 아니고서는 웅혼의 풍격을 지닌 작가라는 말을 하기 힘들지요.

이 말은 문학을 평가할 때뿐만 아니라 글씨나 서예가의 필체를 평할 때도 자주 쓰였습니다. 선조 때의 유명한 서예가인 석봉石峯 한호韓濩의 필체를 웅혼하다 평하곤 했답니다. 조식은 지리산 천왕봉을 웅혼한 기백을 지닌 산이라고 평가한 적이 있습니다. 이렇게 볼 때, 웅혼은

기세가 웅장하고 툭 트인 문예작품과 글씨, 산천, 인간을 직관적으로 평가하는 풍격입니다. 예전부터 전해오는 『시품詩品』은 제목에서 드러나듯 스물네 가지 풍격을 다룬 저작물이고, 웅혼에서부터 출발하지요.

남명 조식은 불의와 타협하지 않고, 높은 벼슬을 준다는 유혹에도 뜻을 굽히지 않은 선비다운 선비였습니다. 천왕봉의 기상은 그런 남명의 강인한 기개와 자부심을 상징하지요. 진정한 문학의 힘은 이러합니다.

오늘따라 남명을 얘기하는 이유는 현재 우리가 처해있는 안팎의 시대 상황과 무관하지는 않습니다.

돌이켜보면 모든 역사는 대부분의 시대에 그 나름대로의 통합과 해체라는 분명한 두 축이 작용하고 있으며, 이때 해체는 통합이라는 전제 위에 설정되고, 통합 역시 해체를 고려하는 전제 위에 설정되어 있습니다. 통합을 전제로 하지 않을 때, 해체는 그저 단순한 파괴에 불과한 것이며, 해체를 고려하지 않는 통합 역시 일시적이고 즉흥적인 미봉책에 불과한 것이지요. 사회변혁은 사실 통합과 해체의 유기적인 연속선상에서 필연적으로 드러나는 성과물인 것입니다. 혼란스럽고 어려운 이 시대에 부끄러워할 줄 아는 사람, 부끄러움을 아는 사회의 새로운 연결망은 과연 어떻게 해야 만들어 낼 수 있을 것인가요. 이토록 어려운 시기에 우리가 기대하고 열망하며 지녀야 하는 것은 민주주의 문화적 태도와 심성이어야 합니다. 이 모두가 부드러움의 체계에서 연유해야 한다는 것입니다. 부드러움의 체계가 구체적으로 꽃피우는 것이 곧 문학이고 문학을 포함한 예술이며, 그 예술을 가능하게 하는 문화이고 그 문화가 기초한 언어와 정신의 세계라는 것은 아무리 강조하여도 좋을 것입니다. 진정으로 문학은 문학이기를, 예술은 예술이기를, 그리고 문화는 문화이기를, 그 문학·예술·문화가 부드러운 감동의 힘으로 우리를 살아 움직이게 하는 근원이기를, 소란스러운 이 시대에 한해를 보내고 새해 새날을 맞이하면서 빌어보는 저의 간절한 소망입니다.

| 변종환 시비 |

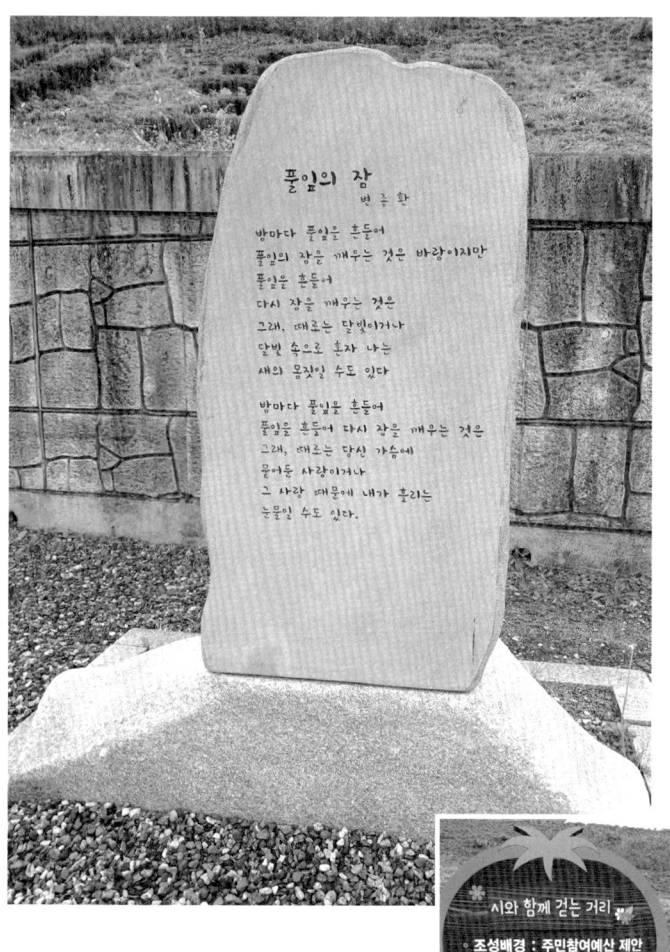

※ 시비 건립 일자: 2020년 12월 9일
※ 장소: 강원도 횡성군 '둔내역'
※ 강원도 횡성군 '주민자치예산'으로 조성됨.

풀잎의 잠

변 종 환

밤마다 풀잎을 흔들어
풀잎의 잠을 깨우는 것은 바람이지만
풀잎을 흔들어
다시 잠을 깨우는 것은
그래, 때로는 달빛이거나
달빛 속으로 혼자 나는
새의 몸짓일 수도 있다

밤마다 풀잎을 흔들어
풀잎을 흔들어 다시 잠을 깨우는 것은
그래, 때로는 당신 가슴에
묻어둔 사랑이거나
그 사랑 때문에 내가 흘리는
눈물일 수도 있다

※ 참고사항: 변종환 시「풀잎의 잠」은 서울 지하철 1호선, 5호선에도 시화로 부착. 서울특별시 예산으로 조성되었음.

변종환 시비

※ 시비 건립 일자 : 2013년 5월
※ 장소 : 부산광역시 사상구 '삼락 생태공원' 산책로
※ 공공 예산으로 조성됨.

꽃의 서시 序詩

변 종 환

밤새 신열에 들떠 있다가
꽃이 피었다
나직이 말을 건네는 그것은
시간을 견딘 보람이다
속을 비우면서 저 가득한 것들
피고 지는 일이 내 탓이리니
시린 마음으로 꽃을 본다
탄생과 소멸
사랑의 몸짓으로 다가오는 찰나
이승의 한 생이 저문다
오, 찬란한 슬픔이여
눈부신 침묵이여

변종환 시집

행복한 여행

초판 1쇄 인쇄 | 2025년 11월 10일
초판 1쇄 발행 | 2025년 11월 20일

지은이 | 변종환
펴낸이 | 최장락
펴낸곳 | 도서출판 두손컴
주　 소 | 부산광역시 부산진구 부전로 35, 301호(부전동, 삼성빌딩)
전　 화 | (051)805-8002 팩스 : (051)805-8045
이메일 | doosoncomm@daum.net
출판등록 제329-1997-13호

ⓒ변종환
값 10,000원

ISBN 979-11-24142-00-4 03810

* 저자와 협의에 의해 인지를 생략합니다.
* 잘못 만들어진 책은 바꾸어 드립니다.

본 도서는 2025년 부산광역시, 부산문화재단 〈부산문화예술지원사업〉으로 지원을 받았습니다.